MW01709008

L'enfant de la grande maison

écrit par René-Georges Bouclon
illustré par Henri Fellner

épigones

C’est une très vaste maison.
Elle compte plusieurs dizaines de pièces.
On y parle peu et doucement et
on ne s’y déplace qu’en patins à roulettes
tant les couloirs sont longs, tant les pièces
sont grandes.
On n’y entend que des sortes de sifflements.
FIOU ! FIOU !

Armand Maillard habite là avec son père et
sa mère. De nombreux domestiques sillonnent
à vive allure cette immense demeure.

Madame et monsieur Maillard travaillent chacun dans une pièce ; ils ont un métier très important. Cependant, le père, la mère et l'enfant se retrouvent chaque jour dans le « salon-des-caquets », après un long déplacement bien entendu, sur leurs patins. FIOU ! Ils appuient alors sur un bouton : le temps s'arrête et ils peuvent rester ensemble à loisir. Heureusement car sans ça, ils ne verraient presque pas leur enfant !

Armand passe ses journées à lire ou à dessiner, dans son atelier grand comme une salle de classe.

En général, il lit en se déplaçant. Il n'a même pas à regarder devant lui dans ces couloirs sans fin. Pour parcourir celui qui va au parc, il lui faut une bonne demi-heure.
Et l'enfant solitaire va, tournant les pages et dévorant les kilomètres.
FIOU !

Un jour, la lumière verte d'appel s'allume dans sa chambre : sa mère le demande au salon-des-caquets.
Elle s'y trouve déjà lorsqu'il arrive.

– Voilà, Armand, mon lapin, assieds-toi. Écoute-moi : dimanche prochain, nous aurons des invités.
– Ça, c'est une bonne nouvelle, s'exclame l'enfant. Je crois bien qu'il y a au moins mille ans que personne n'est venu ici.

– Écoute, Armand, il faut que tu saches quelque chose. Ces amis ont un garçon…
– Un garçon ! Eh bien, pour une fois, je pourrai faire une partie de ballon au gymnase ! Jouer avec les serviteurs, ça n'est pas vraiment amusant !
– Ce n'est pas la question. Cet enfant…

Le père d'Armand arrive, comme jeté par le couloir. Un demi-tour sur ses patins, et le voilà assis – PLOUF ! – en face de son épouse et de son enfant.

Madame Maillard poursuit :
– Oui, Armand, tu sais, cet enfant ne pourra pas jouer avec toi au ballon. Il est handicapé. Il ne se déplace que dans un fauteuil roulant.

FIOU ! N’ayant même pas pris le temps d’arrêter le temps, les parents d’Armand ont déjà disparu.

Armand parcourt l'enfilade des couloirs situés en pourtour de la maison. Il songe : « Handicapé !… Fauteuil roulant !… Handicapé !… Fauteuil roulant !… » « Handicapé, qu'est-ce que cela veut dire ? » se demande Armand.

« Pourquoi a-t-il un fauteuil roulant ? Qu'est-ce que c'est que ce fauteuil roulant ? À quoi ça peut ressembler ? »

Il sort ses feuilles et sa boîte de pastels.
Il dessine un enfant assis dans un fauteuil aux pieds duquel il place des patins à roulettes.
« Est-ce qu'il est comme ça, cet enfant ? »

Il dessine des quantités de fauteuils roulants. Il dessine aussi la Belle au bois dormant dans un lit roulant et Peau d'Âne avec un âne roulant.
Mais le garçon dans son fauteuil, à quoi ressemble-t-il vraiment ?

Le dimanche suivant à midi, des voix d'hommes et de femmes s'élèvent de haut-parleurs placés dans les couloirs de la demeure. La lampe verte s'allume : Armand est appelé au salon-des-caquets.
FIOU !
Le voilà parti ! Quand il arrive, tout le monde est déjà là.

Ses parents, un autre couple et un garçon de son âge dans un drôle d'engin.
Le voilà donc : c'est lui.

Armand regarde l'enfant et lui dit :
– Bonjour, je m'appelle Armand.
L'enfant regarde Armand et lui dit :
– Bonjour, je m'appelle Kior.

Armand découvre le fauteuil de Kior. Il ne l'avait pas imaginé ainsi.

Tous se dirigent vers la salle à manger.
Des serviteurs poussent les parents de Kior dans de petits chariots car ils n'ont pas de patins.

Kior, lui, fait donner toute sa vitesse à son engin électrique.
FIOU !

À table, Kior est entre son père et sa mère, face à Armand. Il a des gestes un peu lents mais il mange sans difficulté tout ce que les autres mangent.

Il n’y a pas de plat spécial pour lui. Il parle comme n’importe quel autre enfant.
En revanche, il ne peut pas marcher : c’est comme si ses jambes étaient mortes.

Les quatre adultes parlent et rient beaucoup. Voilà de nombreuses années qu'ils ne se sont pas vus et ils sont heureux de se retrouver. Les deux garçons, eux, ont envie d'être seuls. Ils demandent l'autorisation de quitter la table.

Une fois dans le couloir, Armand propose à Kior :

– Tu veux voir mes dessins ?

Ils se dirigent vers l'atelier, Armand sur ses patins et Kior dans son fauteuil.

– Tu vois, explique Armand, je ne savais pas comment était ton fauteuil ni comment tu te tenais dedans. Alors, j'ai fait ces dessins.

– Tu dessines très bien, fait Kior. Mais tu n'avais jamais vu de handicapé ? Tu ne sors jamais d'ici ?
– Non, jamais, bien sûr !

– Eh bien, viens avec moi. On va voyager ensemble : toi sur tes patins, moi dans mon fauteuil. Je te montrerai des tas de choses.
Puis il ajoute :
– Il ne faudrait pas que nos parents s’inquiètent !

– Aucun problème, fait Armand ! Je vais aller au salon-des-caquets et programmer le bouton. Quand ils viendront prendre le café, le temps s'arrêtera pour eux. À notre retour, ils n'auront pas encore remué leur sucre. Voilà qui est dit !
ZING !
Un petit coup sur le bouton : voilà qui est fait.

Les deux enfants enfilent à toute allure le couloir du jardin.

Vingt minutes plus tard,
ils passent la porte d'entrée.

Les roues sifflent. Le vent fouette leur visage et plaque leurs cheveux contre les tempes. Ils sont dans le parc ! Ils sont dans la rue ! En avant l'aventure !
FIOU ! FIOU !

Dans la série Môme

Onésime et le diable • *M.-S. Roger / C. Petitet* (1)
La cabane de Quentin • *A. Vesey* (2)
Quentin et l'oiseau • *A. Vesey* (8)
La chaussette aux trésors • *P. Thomson / T. Ross* (3)
Le jour des monstres • *Ch. Poslaniec / C. Le Grand* (4)
Pierre et Caramel • *B. Lindgren / E. Eriksson* (5)
Zouic • *N. Zimmermann / F. Vayssières* (6)
Paul, Paula, Pauline et Lili • *C. Petitet* (7)
Les Toupapahous • *C. Nesi / I. Carrier* (9)
Sophie la poule • *M. Carranza / R. Capdevila* (10)
Sophie la souris • *M. Carranza / R. Capdevila* (16)
Sophie le petit phoque • *M. Carranza / R. Capdevila* (18)
Sophie la petite guenon • *M. Carranza / R. Capdevila* (23)
La maîtresse a disparu • *R. Boudet / R. Saillard* (11)
Le pirate Atouille • *A. Rocard / J.-F. Martin* (12)
Nicolas Rikiki • *L. Anholt / A. Robins* (13)
Archicannibal • *C. Romat / V. Deiss* (14)
La journée des catastrophes • *P. Thomson / P. Demeyer* (15)
Le plus beau des trésors • *P. Thomson / M. Brunelet* (17)
Pattemouille et Gaston • *A. Leo Ellis / S. Truesdell* (19)
L'étoile de Noël • *M. Piquemal / M. Matje* (20)
L'ours de l'escalier • *J. Harrisson* (21)
Brutus • *C. Petitet* (22)
La fortune du roi de pique • *B. Rouer / M. Czarnecki* (24)
Ma mère est un monstre • *J. Harrison* (25)
Un élan ça sert énormément • *M. Waddell / A. Robins* (26)
Le géant romantique • *K. Umansky / Catel* (27)
Un bisou pour la sorcière • *C. Romat / F. Rébéna* (28)
Petit Robert le hamster pas cher • *C. Fleurot / V. Theinhardt* (29)
Violette la souris-chat • *E. Bouquin / C. Petitet* (30)
L'enfant de la grande maison • *R.-G. Bouclon / H. Fellner* (31)
Le cheval de Léonard de Vinci • *M. Piquemal / D. Maja* (32)